A Dozen 12-HOUR DOILIES™

General Information

Many of the products used in this pattern book can be purchased from local craft, fabric and variety stores.

Contents

Sunshine

SKILL LEVEL

INTERMEDIATE

FINISHED SIZE

12½ inches in diameter

MATERIALS

- Aunt Lydia's Classic Crochet size 10 crochet cotton (350 yds per ball): 1 ball #423 maize
- Size 7/1.65mm steel crochet hook or size needed to obtain gauge

GAUGE

Rnd 1 = 1 inch in diameter

PATTERN NOTES

Chain-4 at beginning of round counts as first treble crochet unless otherwise stated.

Join with slip stitch as indicated unless otherwise stated.

INSTRUCTIONS

DOILY

Rnd 1: Ch 6, sl st in first ch to form ring, **ch 4** *(see Pattern Notes)*, 19 tr in ring, **join** *(see Pattern Notes)* in 4th ch of beg ch-4. *(20 tr)*

Rnd 2: Ch 8 *(counts as first tr and ch-4)*, sk next st, [tr in next st, ch 4] around, join in 4th ch of beg ch-8. *(10 tr)*

Rnd 3: Ch 4, tr in same st, ch 5, [2 tr in next st, ch 5] around, join in 4th ch of beg ch-4.

Rnd 4: Ch 4, 2 tr in next st, ch 6, [tr in next st, 2 tr in next st, ch 6] around, join in 4th ch of beg ch-4.

Rnd 5: Ch 4, 2 tr in next st, tr in next st, ch 6, [tr in next st, 2 tr in next st, tr in next st, ch 6] around, join in 4th ch of beg ch-4.

Rnd 6: Ch 4, tr in same st, ch 2, sk next 2 sts, 2 tr in next st, ch 6, [2 tr in next st, ch 2, sk next 2 sts, 2 tr in next st, ch 6] around, join in 4th ch of beg ch-4.

Rnd 7: Ch 4, tr in same st, tr in next st, ch 3, 2 tr in next st, tr in next st, ch 6, [2 tr in next st, tr in next st, ch 3, 2 tr in next st, tr in next st, ch 6] around, join in 4th ch of beg ch-4.

Rnd 8: Ch 4, tr in each of next 2 sts, *ch 3, tr in each of next 3 tr, ch 4, sc in next ch sp, ch 4**, tr in each of next 3 sts, rep from * around, ending last rep at **, join in 4th ch of beg ch-4.

Rnd 9: Ch 4, tr in each of next 2 sts, *ch 3, tr in each of next 3 sts, ch 4, sc in next ch sp, ch 3, sc in next ch sp, ch 4**, tr in each of next 3 sts, rep from * around, ending last rep at **, join in 4th ch of beg ch-4.

Rnd 10: Ch 4, tr in each of next 2 sts, *ch 3, tr in each of next 3 sts, ch 4, sc in next ch sp, ch 3, (sc, ch 6, sc) in next ch sp, ch 3, sc in next ch sp, ch 4**, tr in each of next 3 sts, rep from * around, ending last rep at **, join in 4th ch of beg ch-4.

Rnd 11: Ch 4, tr in each of next 2 sts, *ch 3, tr in each of next 3 sts, ch 4, sc in next ch sp, ch 3, sk next ch sp, 7 tr in next ch-6 sp, ch 3, sk next ch sp, sc in next ch sp, ch 4**, tr in each of next 3 sts, rep from * around, ending last rep at **, join in 4th ch of beg ch-4.

Rnd 12: Ch 4, tr in each of next 2 sts, *ch 3, tr in each of next 3 sts, ch 4, sc in next ch sp, ch 3, sk next ch sp, [sc in next st, ch 2] 6 times, sc in next st, ch 3, sk next ch sp, sc in next ch sp, ch 4**, tr in each of next 3 sts, rep from * around, ending last rep at **, join in 4th ch of beg ch-4.

Rnd 13: Ch 4, tr in each of next 2 sts, *ch 3, tr in each of next 3 sts, ch 4, sc in next ch sp, ch 5, sk next ch sp, sc in next ch sp, [ch 2, sc in next ch sp] 5 times, ch 5, sk next ch sp, sc in next ch sp, ch 4**, tr in each of next 3 sts, rep from * around, ending last rep at **, join in 4th ch of beg ch-4.

Rnd 14: Ch 4, tr in each of next 2 sts, *ch 3, tr in each of next 3 sts, ch 4, sc in next ch sp, ch 5, sk next ch sp, sc in next ch sp, [ch 2, sc in next ch sp] 4 times, ch 5, sk next ch sp, sc in next ch sp, ch 4**, tr in each of next 3 sts, rep from * around, ending last rep at **, join in 4th ch of beg ch-4.

Rnd 15: Ch 4, tr in each of next 2 sts, *ch 3, tr in each of next 3 sts, ch 4, sc in next ch sp, ch 5, sk next ch sp, sc in next ch sp, [ch 2, sc in next ch sp] 3 times, ch 5, sk next ch sp, sc in next ch sp, ch 4**, tr in each of next 3 sts, rep from * around, ending last rep at **, join in 4th ch of beg ch-4.

Rnd 16: Ch 4, tr in each of next 2 sts, *ch 3, tr in each of next 3 sts, ch 4, sc in next ch sp, ch 6, sk next ch sp, sc in next ch sp, [ch 2, sc in next ch sp] twice, ch 6, sk next ch sp, sc in next ch sp, ch 4**, tr in each of next 3 sts, rep from * around, ending last rep at **, join in 4th ch of beg ch-4.

Rnd 17: Ch 4, tr in each of next 2 sts, *ch 3, sc in next ch sp, ch 3, tr in each of next 3 sts, ch 4, sc in next ch sp, ch 7, sk next ch sp, sc in next ch sp, ch 2, sc in next ch sp, ch 7, sk next ch sp, sc in next ch sp, ch 4**, tr in each of next 3 sts, rep from * around, ending last rep at **, join in 4th ch of beg ch-4.

Rnd 18: Ch 4, tr in each of next 2 sts, *ch 3, [sc in next ch sp, ch 3] twice, tr in each of next 3 sts, ch 4, sc in next ch sp, ch 8, sk next ch sp, sc in next ch sp, ch 8, sk next ch sp, sc in next ch sp, ch 4**, tr in each of next 3 sts, rep from * around, ending last rep at **, join in 4th ch of beg ch-4. Fasten off. ■

Pink Berries

SKILL LEVEL

◼◼◼◻

INTERMEDIATE

FINISHED SIZE
11 inches in diameter

MATERIALS
- Aunt Lydia's Classic Crochet size 10 crochet cotton (solids: 350 yds per ball; shades: 300 yds per ball):
    1 ball #15 shaded pinks
    20 yds #332 hot pink
- Size 7/1.65mm steel crochet hook or size needed to obtain gauge

GAUGE
Rnds 1 and 2 = 1¾ inches in diameter

PATTERN NOTE
Join with slip stitch as indicated unless otherwise stated.

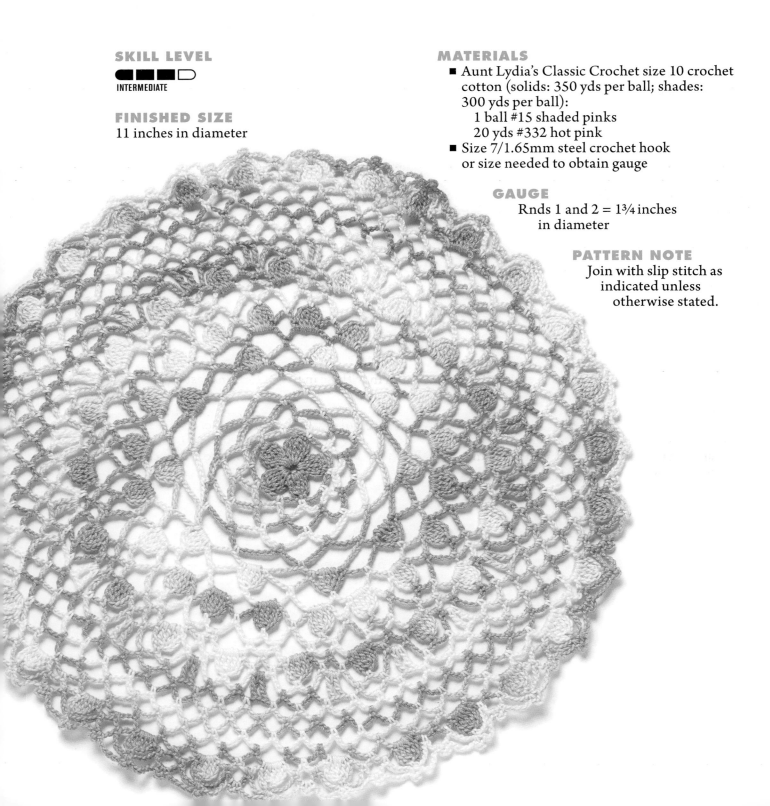

SPECIAL STITCH

Cluster (cl): Holding last lp of each st on hook, 3 tr in place indicated, yo, pull through all lps on hook.

INSTRUCTIONS

DOILY

Rnd 1: With hot pink, ch 6, sl st in first ch to form ring, [ch 4, **cl** (see Special Stitch) in ring, ch 4, sc in ring] 5 times, **join** (see Pattern Note) in first ch of beg ch-4. Fasten off. (5 cls)

Rnd 2: Join shaded pink with sc in top of any cl, ch 8, [sc in next cl, ch 8] around, join in beg sc.

Rnd 3: Sl st in each of next 3 chs, ch 1, sc in same ch sp, ch 6, [sc in next ch sp, ch 6] around, join in beg sc.

Rnd 4: Sl st in each of next 2 chs, ch 1, sc in same ch sp, ch 8, [sc in next ch sp, ch 8] around, join in beg sc.

Rnd 5: Sl st in each of next 3 chs, ch 1, sc in same ch sp, ch 9, [sc in next ch sp, ch 9] around, join in beg sc.

Rnd 6: Sl st in each of next 4 chs, ch 1, sc in same ch sp, ch 10, [sc in next ch sp, ch 10] around, join in beg sc.

Rnd 7: Sl st in each of next 4 chs, ch 1, sc in same ch sp, ch 11, [sc in next ch sp, ch 11] around, join in beg sc.

Rnd 8: Sl st in each of next 5 chs, ch 1, (sc, ch 4, cl, ch 4, sc) in same ch sp, [ch 8, (sc, ch 4, cl, ch 4, sc) in next ch sp] around, ch 4, join with tr in beg sc forming last ch sp.

Rnd 9: Ch 1, sc in last ch sp, *ch 8, sc in top of cl, ch 8**, sc in next ch sp, rep from * around, ending last rep at **, join in beg sc.

Rnd 10: Sl st in each of next 4 chs, ch 1, (sc, ch 4, cl, ch 4, sc) in same ch sp, [ch 6, (sc, ch 4, cl, ch 4, sc) in next ch sp] around, ch 3, join with dc in beg sc forming last ch sp.

Rnd 11: Ch 6, *sc in top of next cl**, ch 6, sc in next ch sp, ch 6, rep from * around, ending last rep at **, ch 3, join with tr in top of joining dc forming last ch sp.

Rnd 12: Ch 1, sc in last ch sp, *ch 7, sc in next ch sp, ch 4**, sc in next ch sp, rep from * around, ending last rep at **, join in beg sc.

Rnd 13: Sl st in each of next 3 chs, ch 1, (sc, ch 4, cl, ch 4, sc) in same ch sp, *ch 4, sc in next ch sp**, ch 4, (sc, ch 4, cl, ch 4, sc) in next ch sp, rep from * around, ending last rep at **, ch 2, join with hdc in beg sc forming last ch sp.

Rnd 14: Ch 1, sc in last ch sp, **ch 6, sc in top of next cl, ch 6, sc in next ch sp, ch 4**, sc in next ch sp, rep from * around, ending last rep at **, join in beg sc.

Rnd 15: Sl st in each of next 3 chs, ch 1, sc in same ch sp, ch 6, *sc in next ch sp, ch 3, (tr, ch 1, tr) in next ch sp, ch 3**, sc in next ch sp, ch 6, rep from * around, ending last rep at **, join in beg sc.

Rnd 16: Sl st in each of next 3 chs, ch 1, sc in same ch sp, *ch 5, sc in next ch sp, ch 5, sk next ch sp, sc in next ch sp, ch 5**, sc in next ch sp, rep from * around, ending last rep at **, ch 2, join in with dc in beg sc forming last ch sp.

Rnd 17: Ch 1, sc in last ch sp, ch 6, [sc in next ch sp, ch 6] around, join in beg sc.

Rnds 18 & 19: Sl st in each of next 3 chs, ch 1, sc in same ch sp, ch 6, [sc in next ch sp, ch 6] around, join in beg sc.

Rnd 20: Sl st in each of next 3 chs, ch 1, (sc, ch 4, cl, ch 4, sc) in same ch sp, *ch 4, sc in next ch sp**, ch 4, (sc, ch 4, cl, ch 4, sc) in next ch sp, rep from * around, ending last rep at **, ch 2, join with dc in beg sc forming last ch sp.

Rnd 21: Ch 1, sc in last ch sp, ch 5, *sc in top of next cl, ch 5**, [sc in next ch sp, ch 5] twice, rep from * around, ending last rep at **, sc in next ch sp, ch 5, join in beg sc.

Rnd 22: Sl st in each ch across to next sc at top of cl, ch 1, *(sc, ch 1, sc) in next sc, ch 6, sk next ch sp, (sc, ch 1, sc) in next ch sp, ch 6, sk next ch sp, rep from * around, join in beg sc. Fasten off. ∎

Shades of **Purple**

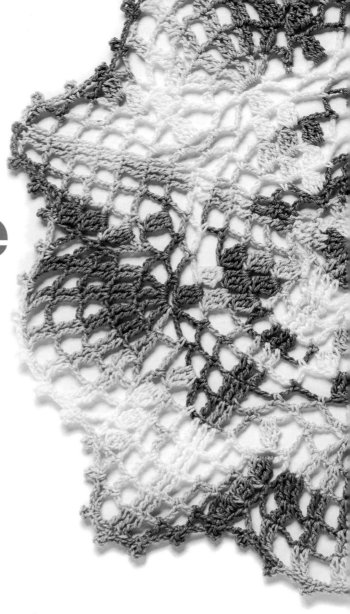

SKILL LEVEL

INTERMEDIATE

FINISHED SIZE
10 inches in diameter

MATERIALS
- Aunt Lydia's Classic Crochet size 10 crochet cotton (300 yds per ball): 1 ball #26 shaded purples
- Size 7/1.65mm steel crochet hook or size needed to obtain gauge

GAUGE
Rnd 1 = 1 inch in diameter

PATTERN NOTES
Chain-3 at beginning of row or round counts as beginning treble crochet unless otherwise stated.

Join with slip stitch as indicated unless otherwise stated.

SPECIAL STITCH
Cluster (cl): Holding last lp of each st on hook, 3 tr in place indicated, yo, pull through all lps on hook.

INSTRUCTIONS
DOILY
Rnd 1: Ch 5, sl st in first ch to form ring, **ch 3** *(see Pattern Notes)*, 19 tr in ring, **join** *(see Pattern Notes)* in 3rd ch of beg ch-3. *(20 tr)*

Rnd 2: Ch 3, tr in each of next 2 sts, ch 3, sk next st, [tr in each of next 3 sts, ch 3, sk next st] around, join in 3rd ch of beg ch-3.

Rnd 3: Ch 3, tr in each of next 2 sts, *ch 4, sc in next ch sp, ch 4**, tr in each of next 3 sts, rep from * around, ending last rep at **, join in 3rd ch of beg ch-3.

Rnd 4: Ch 3, tr in each of next 2 sts, *ch 5, sc in next ch sp, ch 3, sc in next ch sp, ch 5**, tr in each of next 3 sts, rep from * around, ending last rep at **, join in 3rd ch of beg ch-3.

Rnd 5: Ch 3, tr in each of next 2 sts, *ch 5, sc in next ch sp, ch 2, **cl** *(see Special Stitch)* in next ch sp, ch 2, sc in next ch sp, ch 5**, tr in each of next 3 sts, rep from * around, ending last rep at **, join in 3rd ch of beg ch-3.

Rnd 6: Ch 3, tr in each of next 2 sts, *ch 5, sc in next ch sp, ch 3, cl in next ch sp, ch 2, cl in next ch sp, ch 3, sc in next ch sp, ch 5**, tr in each of next 3 sts, rep from * around, ending last rep at **, join in 3rd ch of beg ch-3.

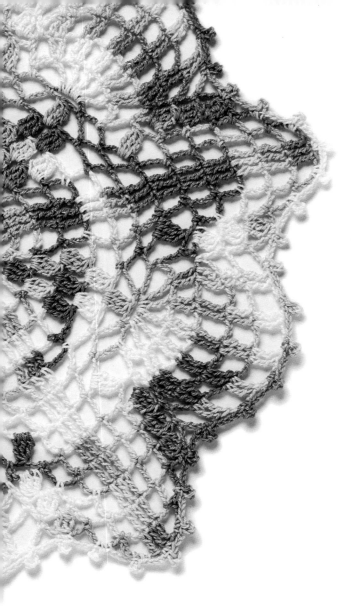

6**, tr in each of next 3 sts, rep from * around, ending last rep at **, join in 3rd ch of beg ch-3.

Rnd 11: Ch 3, tr in each of next 2 sts, *ch 5, sc in next ch sp, ch 5, cl in next ch sp, ch 5, sc in next ch sp, ch 4, (tr, ch 3) 4 times in next ch sp, tr in same ch sp, ch 4, sc in next ch sp, ch 5, cl in next ch sp, ch 5, sc in next ch sp, ch 5**, tr in each of next 3 sts, rep from * around, ending last rep at **, join in 3rd ch of beg ch-3.

Rnd 12: Ch 3, tr in each of next 2 sts, *[ch 5, sc in next ch sp] 3 times, ch 5, sk next ch sp, 2 tr in next tr, [ch 2, 2 tr in next tr] 4 times, ch 5, sk next ch sp, [sc in next ch sp, ch 5] 3 times**, tr in each of next 3 sts, rep from * around, ending last rep at **, join in 3rd ch of beg ch-3.

Rnd 13: Ch 3, tr in each of next 2 sts, *[ch 5, sc in next ch sp] twice, ch 2, cl in next ch sp, ch 2, sc in next ch sp, ch 3, [tr in each of next 2 tr, ch 3] 5 times, sc in next ch sp, ch 2, cl in next ch sp, ch 2, [sc in next ch sp, ch 5] twice**, tr in each of next 3 sts, rep from * around, ending last rep at **, join in 3rd ch of beg ch-3.

Rnd 14: Ch 3, tr in each of next 2 sts, *[ch 5, sc in next ch sp] twice, ch 2, cl in next ch sp, ch 2, sc in next ch sp, ch 3, sk next ch sp, [tr in each of next 2 tr, ch 3] 5 times, sk next ch sp, sc in next ch sp, ch 2, cl in next ch sp, ch 2, [sc in next ch sp, ch 5] twice**, tr in each of next 3 sts, rep from * around, ending last rep at **, join in 3rd ch of beg ch-3.

Rnd 15: Ch 3, tr in each of next 2 sts, *[ch 5, sc in next ch sp] twice, ch 2, cl in next ch sp, ch 2, sc in next ch sp, ch 5 sk next ch sp, [tr in each of next 2 tr, ch 4] 4 times, tr in each of next 2 tr, ch 5, sk next ch sp, sc in next ch sp, ch 2, cl in next ch sp, ch 2, [sc in next ch sp, ch 5] twice**, tr in each of next 3 sts, rep from * around, ending last rep at **, join in 3rd ch of beg ch-3.

Rnd 16: Ch 1, sk first st, *(sc, ch 3, sc) in next st, [ch 3, (sc, ch 3, sc) in next ch sp] twice, ch 3, (sc, ch 3, sc) in next cl, [ch 3, (sc, ch 3, sc) in next ch sp] 6 times, ch 3, (sc, ch 3, sc) in next cl, [ch 3, (sc, ch 3, sc) in next ch sp] twice, ch 3, sk next st, rep from * around, join in beg sc. Fasten off. ■

Rnd 7: Ch 3, tr in each of next 2 sts, *ch 5, sc in next ch sp, ch 3, [cl in next ch sp, ch 2] twice, cl in next ch sp, ch 3, sc in next ch sp, ch 5**, tr in each of next 3 sts, rep from * around, ending last rep at **, join in 3rd ch of beg ch-3.

Rnd 8: Ch 3, tr in each of next 2 sts, *ch 5, sc in next ch sp, ch 4, sk next ch sp, cl in next ch sp, ch 2, cl in next ch sp, ch 4, sk next ch sp, sc in next ch sp, ch 5**, tr in each of next 3 sts, rep from * around, ending last rep at **, join in 3rd ch of beg ch-3.

Rnd 9: Ch 3, tr in each of next 2 sts, *ch 5, [sc in next ch sp, ch 5 twice, cl in next ch sp, ch 5, [sc in next ch sp, ch 5] twice**, tr in each of next 3 sts, rep from * around, ending last rep at **, join in 3rd ch of beg ch-3.

Rnd 10: Ch 3, tr in each of next 2 sts, *ch 6, [sc in next ch sp, ch 5] 5 times, sc in next ch sp, ch

Mystic Blue

SKILL LEVEL

INTERMEDIATE

FINISHED SIZE
9 inches in diameter

MATERIALS
- Size 10 crochet cotton:
  300 yds blue
- Size 7/1.65mm steel crochet hook
  or size needed to obtain gauge

GAUGE
Rnds 1 and 2 = 1 inch in diameter

PATTERN NOTES
Chain-3 at beginning of row or round counts as
  first double crochet unless otherwise stated.

Join with slip stitch as indicated unless
  otherwise stated.

SPECIAL STITCH
Cluster (cl): Holding last lp of each st on hook,
  3 dc in place indicated, yo, pull through all lps
  on hook.

INSTRUCTIONS
DOILY
Rnd 1: Ch 6, sl st in first ch to form ring, ch 1,
  16 sc in ring, **join** (see Pattern Notes) in beg sc.
  (16 sc)

Rnd 2: Ch 4 (counts as first dc and ch-1), [dc in
  next st, ch 1] around, join in 3rd ch of beg ch-4.

Rnd 3: Ch 1, sc in each st and in each ch sp
  around, join in beg sc.

Rnd 4: **Ch 3** (see Pattern Notes), dc in same st,
  ch 1, sk next st, [2 dc in next st, ch 1, sk next st]
  around, join in 3rd ch of beg ch-3.

Rnd 5: Ch 3, 2 dc in next st, ch 2, [dc in next st,
  2 dc in next st, ch 2] around, join in 3rd ch of
  beg ch-3.

Rnd 6: Ch 3, 2 dc in next st, dc in next st, ch 2,
  [dc in next st, 2 dc in next st, dc in next st, ch 2]
  around, join in 3rd ch of beg ch-3.

Rnd 7: Ch 3, dc in next st, 2 dc in next st, dc in
  next st, ch 2, [dc in each of next 2 sts, 2 dc in
  next st, dc in next st, ch 2] around, join in 3rd
  ch of beg ch-3.

Rnd 8: Ch 3, dc in each of next 2 sts, 2 dc in next
  st, dc in next st, ch 3, [dc in each of next 3 sts,
  2 dc in next st, dc in next st, ch 3] around, join
  in 3rd ch of beg ch-3.

Rnd 9: Ch 3, dc in each of next 2 sts, 2 dc in next
  st, dc in each of next 2 sts, ch 3, [dc in each of
  next 3 sts, 2 dc in next st, dc in each of next 2
  sts, ch 3] around, join in 3rd ch of beg ch-3.

Rnd 10: Ch 3, dc in each of next 3 sts, 2 dc in
  next st, dc in each of next 2 sts, ch 3, [dc in each
  of next 4 sts, 2 dc in next st, dc in each of next
  2 sts, ch 3] around, join in 3rd ch of beg ch-3.

Rnd 11: Ch 3, dc in each of next 7 sts, ch 3, [dc in
  each of next 8 sts, ch 3] around, join in 3rd ch
  of beg ch-3.

Rnd 12: Ch 3, dc in each of next 3 sts, **dc dec** (see
  Stitch Guide) in next 2 sts, dc in each of next 2
  sts, ch 3, [dc in each of next 4 sts, dc dec in next
  2 sts, dc in each of next 2 sts, ch 3] around, join
  in 3rd ch of beg ch-3.

Rnd 13: Ch 3, dc in each of next 2 sts, *dc dec in next 2 sts, dc in each of next 2 sts, ch 4**, dc in each of next 3 sts, rep from * around, ending last rep at **, join in 3rd ch of beg ch-3.

Rnd 14: Ch 3, dc in each of next 2 sts, *dc dec in next 2 sts, dc in next st, ch 5**, dc in each of next 3 sts, rep from * around, ending last rep at **, join in 3rd ch of beg ch-3.

Rnd 15: Ch 3, dc in next st, *dc dec in next 2 sts, dc in next st, ch 7**, dc in each of next 2 sts, rep from * around, ending last rep at **, join in 3rd ch of beg ch-3.

Rnd 16: Ch 3, *dc dec in next 2 sts, dc in next st, ch 9**, dc in next st, rep from * around, ending last rep at **, join in 3rd ch of beg ch-3.

Rnd 17: Ch 3, *dc dec in next 2 sts, ch 6, sc in next ch sp, ch 6**, dc in next st, rep from * around, ending last rep at **, join in 3rd ch of beg ch-3.

Rnd 18: Ch 3, dc in next st, *ch 6, sc in next ch sp, sc in next sc, sc in next ch sp, ch 6**, dc in each of next 2 sts, rep from * around, ending last rep at **, join in 3rd ch of beg ch-3.

Rnd 19: Ch 1, dc dec in first 2 sts, *ch 6, sc in next ch sp, sc in each of next 3 sc, sc in next ch sp, ch 6**, dc dec in next 2 sts, rep from * around, ending last rep at **, join in top of beg dc dec.

Rnd 20: Ch 2, (cl—*see Special Stitch*, {ch 2, cl} twice) in same sc, *ch 6, sk next ch sp and next st, sc in each of next 3 sc, ch 6, sk next sc and next ch sp**, (cl {ch 2, cl} twice) in next dc dec, rep from * around, ending last rep at **, join in top of first cl.

Rnd 21: Sl st in next ch sp, ch 2, (cl, ch 2, cl) in same ch sp, (cl, ch 2, cl) in next ch sp, *ch 6, sk next ch sp and next sc, sc in next sc, ch 6, sk next sc, and next ch sp**, (cl, ch 2, cl) in each of next 2 ch sps, rep from * around, ending last rep at **, join in top of first cl. Fasten off. ∎

Springtime

SKILL LEVEL

INTERMEDIATE

FINISHED SIZE
10½ inches in diameter

MATERIALS
- South Maid size 10 crochet cotton (350 yds per ball):
  1 ball #179 spruce
- Size 7/1.65mm steel crochet hook or size needed to obtain gauge

GAUGE
Rnds 1 and 2 = 1¼ inches in diameter

PATTERN NOTES
Chain-3 at beginning of row or round counts as first double crochet unless otherwise stated.

Join with slip stitch as indicated unless otherwise stated.

SPECIAL STITCHES
Cluster (cl): Hold back last lp of each st on hook, 3 dc in place indicated, yo, pull through all lps on hook.

Picot: Ch 3, sl st in top of last st worked.

INSTRUCTIONS
DOILY
Rnd 1: Ch 6, sl st in first ch to form ring, **ch 3** (*see Pattern Notes*), 19 dc in ring, **join** (*see Pattern Notes*) in 3rd ch of beg ch-3.

Rnd 2: Ch 3, dc in next st, ch 2, [dc in each of next 2 sts, ch 2] around, join in 3rd ch of beg ch-3.

Rnd 3: Ch 3, dc in each of next 2 sts, ch 4, [dc in each of next 2 sts, ch 4] around, join in 3rd ch of beg ch-3.

Rnd 4: Ch 3, dc in next st, ch 5, [dc in each of next 2 sts, ch 5] around, join in 3rd ch of beg ch-3.

Rnd 5: Ch 3, dc in next st, *ch 5, sc in next ch sp, ch 5**, dc in each of next 2 sts, rep from * around, ending last rep at **, join in 3rd ch of beg ch-3.

Rnd 6: Ch 3, dc in next st, *ch 4, sc in next ch sp, ch 2, sc in next ch sp, ch 4**, dc in each of next 2 sts, rep from * around, ending last rep at **, join in 3rd ch of beg ch-3.

Rnd 7: Ch 3, dc in next st, *ch 4, sc in next ch sp, ch 2, **cl** (*see Special Stitches*) in next ch sp, ch 2, sc in next ch sp, ch 4**, dc in each of next 2 sts, rep from * around, ending last rep at **, join in 3rd ch of beg ch-3.

Rnd 8: Ch 3, dc in next st, *ch 4, sc in next ch sp, ch 2, cl in next ch sp, ch 2, cl in next ch sp, ch 2, sc in next ch sp, ch 4**, dc in each of next 2 sts, rep from * around, ending last rep at **, join in 3rd ch of beg ch-3.

Rnd 9: Ch 3, dc in next st, *ch 4, sc in next ch sp, ch 2, sk next ch sp, cl in next ch sp, ch 2, sk next ch sp, sc in next ch sp, ch 4**, dc in each of next 2 sts, rep from * around, ending last rep at **, join in 3rd ch of beg ch-3.

Rnd 10: Ch 3, dc in next st, *ch 4, sc in next ch sp, ch 3, cl in next ch sp, ch 2, cl in next ch sp, ch 3, sc in next ch sp, ch 4**, dc in each of next 2 sts, rep from * around, ending last rep at **, join in 3rd ch of beg ch-3.

Rnd 11: Ch 3, dc in next st, *[ch 4, sc in next ch sp] twice, ch 3, cl in next ch sp, ch 3, [sc in next ch sp, ch 4] twice**, dc in each of next 2 sts, rep from * around, ending last rep at **, join in 3rd ch of beg ch-3.

Rnd 12: Ch 3, dc in next st, *[ch 4, sc in next ch sp] twice, ch 3, cl in next ch sp, ch 2, cl in next ch sp, ch 3, [sc in next ch sp, ch 4] twice**, dc in each of next 2 sts, rep from * around, ending last rep at **, join in 3rd ch of beg ch-3.

Rnd 13: Ch 3, dc in next st, *[ch 4, sc in next ch sp] twice, ch 3, sk next ch sp, cl in next ch sp, ch 3, sk next ch sp, [sc in next ch sp, ch 4] twice**, dc in each of next 2 sts, rep from * around, ending last rep at **, join in 3rd ch of beg ch-3.

Rnd 14: Ch 3, dc in next st, *[ch 4, sc in next ch sp] twice, ch 3, cl in next ch sp, ch 2, cl in next ch sp, ch 3, [sc in next ch sp, ch 4] twice**, dc in each of next 2 sts, rep from * around, ending last rep at **, join in 3rd ch of beg ch-3.

Rnd 15: Ch 3, dc in next st, *[ch 4, sc in next ch sp] twice, ch 4, sk next ch sp, cl in next ch sp, ch 4, sk next ch sp, [sc in next ch sp, ch 4] twice**, dc in each of next 2 sts, rep from * around, ending last rep at **, join in 3rd ch of beg ch-3.

Rnd 16: Ch 3, dc in next st, *[ch 4, sc in next ch sp] twice, ch 3, cl in next ch sp, ch 2, cl in next ch sp, ch 3, [sc in next ch sp, ch 4] twice**, dc in each of next 2 sts, rep from * around, ending last rep at **, join in 3rd ch of beg ch-3.

Rnd 17: Ch 3, 4 dc in next st, *[ch 4, sc in next ch sp] twice, ch 3, sk next ch sp, (dc, {ch 1, dc} 4 times) in next ch sp, ch 3, sk next ch sp, [sc in next ch sp, ch 4] twice**, sk next st, 5 dc in next st, rep from * around, ending last rep at **, join in 3rd ch of beg ch-3.

Rnd 18: Ch 5 *(counts as first dc and ch-2)*, dc in next st, [ch 2, dc in next st] 3 times, *ch 4, sk next ch sp, sc in next ch sp, ch 3, sk next ch sp, dc in next st, [ch 2, dc in next st] 4 times, ch 3, sk next ch sp, sc in next ch sp, ch 4, sk next ch sp**, dc in next st, [ch 2, dc in next st] 4 times, rep from * around, ending last rep at **, join in 3rd ch of beg ch-5.

Rnd 19: Sl st in first ch sp, (sc, **picot**—*see Special Stitches*, sc) in same ch sp, *[ch 2, (sc, picot, sc) in next ch sp] 4 times, ch 3, sk next ch sp, [(sc, picot, sc) in next ch sp, ch 2] 3 times, (sc, picot, sc) in next ch sp, ch 3, sk next ch sp, (sc, picot, sc) in next ch sp, ch 3**, (sc, ch 3, sc) in next ch sp, rep from * around, ending last rep at **, join in beg sc. Fasten off. ∎

Pink Flares

SKILL LEVEL

INTERMEDIATE

FINISHED SIZE
11 inches in diameter

MATERIALS
- Aunt Lydia's Classic Crochet size 10 crochet cotton (350 yds per ball): 1 ball #401 orchid pink
- Size 7/1.65mm steel crochet hook or size needed to obtain gauge

GAUGE
Rnds 1 and 2 = 1¾ inches in diameter

PATTERN NOTES
Chain-4 at beginning of row or round counts as first treble crochet unless otherwise stated.

Join with slip stitch as indicated unless otherwise stated.

SPECIAL STITCHES
Beginning shell (beg shell): Ch 4, (tr, ch 2, 2 tr) in same place.

Shell: (2 tr, ch 2, 2 tr) in place indicated.

INSTRUCTIONS
DOILY
Rnd 1: Ch 6, sl st in first ch to form ring, **ch 4** (*see Pattern Notes*), 14 tr in ring, **join** (*see Pattern Notes*) in 4th ch of beg ch-4.

Rnd 2: Ch 4, tr in same st, ch 2, [2 tr in next st, ch 2] around, join in 4th ch of beg ch-4.

Rnd 3: Ch 5 (*counts as first tr and ch-1*), tr in next st, ch 3, [tr in next st, ch 1, tr in next st, ch 3] around, join in 4th ch of beg ch-5.

Rnd 4: Sl st in first ch sp, **beg shell** (*see Special Stitches*) in same ch sp, ch 2, sk next ch sp, [**shell** (*see Special Stitches*) in next ch sp, ch 2, sk next ch sp] around, join in 4th ch of beg ch-4.

Rnd 5: Sl st in next st and next ch sp, beg shell in same ch sp, *ch 4, sc in next ch sp, ch 4**, shell in ch sp of next shell, rep from * around, ending last rep at **, join in 4th ch of beg ch-4.

Rnd 6: Sl st in next st and in next ch sp, beg shell in same ch sp, *ch 4, sc in next ch sp, ch 3, sc in next ch sp, ch 4**, shell in ch sp of next shell, rep from * around, ending last rep at **, join in 4th ch of beg ch-4.

Rnd 7: Sl st in next st and in next ch sp, beg shell in same ch sp, *ch 5, sk next ch sp, sc in next ch sp, ch 5, sk next ch sp**, shell in ch sp of next shell, rep from * around, ending last rep at **, join in 4th ch of beg ch-4.

Rnd 8: Sl st in next st and in next ch sp, beg shell in same ch sp, *ch 4, sc in next ch sp, ch 3, sc in next ch sp, ch 4**, shell in ch sp of next shell, rep from * around, ending last rep at **, join in 4th ch of beg ch-4.

Rnd 9: Sl st in next st and in next ch sp, beg shell in same ch sp, *ch 5, sc in next ch sp, ch 2, (tr, ch 1, tr) in next ch sp, ch 2, sc in next ch sp, ch 5**, shell in ch sp of next shell, rep from * around, ending last rep **, join in 4th ch of beg ch-4.

Rnd 10: Sl st in next st and in next ch sp, beg shell in same ch sp, *ch 5, sc in next ch sp, ch 2, (tr, {ch 1, tr} twice) in next ch sp, ch 2, sc in next ch sp, ch 5**, shell in ch sp of next shell, rep from * around, ending last rep at **, join in 4th ch of beg ch-4.

Rnd 11: Sl st in next st, and in next ch sp, beg shell in same ch sp, *ch 5, sc in next ch sp, ch 2, sk next ch sp, (tr, ch 1, tr) in next ch sp, ch 2, (tr, ch 1, tr) in next ch sp, ch 2, sk next ch sp, sc in next ch sp, ch 5**, shell in ch sp of next shell, rep from * around, ending last rep at **, join in 4th ch of beg ch-4.

Rnd 12: Sl st in next st and in next ch sp, beg shell in same ch sp, *ch 5, sc in next ch sp, ch 3, sk next ch sp, (tr, {ch 1, tr} twice) in next ch sp, ch 1, sk next ch sp, (tr, {ch 1, tr} twice) in next ch sp, ch 3, sk next ch sp, sc in next ch sp, ch 5**, shell in ch sp of next shell, rep from * around, ending last rep at **, join in 4th ch of beg ch-4.

Rnd 13: Sl st in next st and in next ch sp, ch 1, (sc, ch 4, sc) in same ch sp, *ch 4, [sc in next ch sp, ch 4] 8 times**, (sc, ch 4, sc) in next ch sp, rep from * around, ending last rep at **, join in beg sc.

Rnd 14: Sl st in first ch sp, ch 1, (sc, ch 4, sc) in same ch sp, *ch 4, [sc in next ch sp, ch 4] 8 times**, (sc, ch 4, sc) in next ch sp, rep from * around, ending last rep at **, join in beg sc. Fasten off. ■

Elegant Taupe

SKILL LEVEL

INTERMEDIATE

FINISHED SIZE
10½ inches in diameter

MATERIALS
- Size 10 crochet cotton:
  300 yds taupe
- Size 7/1.65mm steel crochet hook
  or size needed to obtain gauge

GAUGE
Rnds 1 and 2 = 1½ inches in diameter

PATTERN NOTES
Chain-3 at beginning of row or round counts as
first treble crochet unless otherwise stated.

Join with slip stitch as indicated unless
otherwise stated.

SPECIAL STITCH
Picot: Ch 3, sl st in top of last st worked.

INSTRUCTIONS
DOILY
Rnd 1: Ch 5, sl st in first ch to form ring, **ch 3** (see Pattern Notes), 19 tr in ring, **join** (see Pattern Notes) in 3rd ch of beg ch-3. (20 tr)

Rnd 2: Ch 3, tr in next st, ch 9, sk next 3 sts, [tr in each of next 2 sts, ch 9, sk next 3 sts] around, join in 3rd ch of beg ch-3.

Rnd 3: Ch 3, tr in same st, *ch 2, 2 tr in next st, ch 5, (sc, ch 3, sc) in next ch sp, ch 5**, 2 tr in next st, rep from * around, ending last rep at **, join in 3rd ch of beg ch-3.

Rnd 4: Ch 3, tr in next st, *ch 2, tr in each of next 2 sts, ch 4, sc in next ch sp, ch 2, (tr, {ch 1, tr} 4 times) in next ch sp, ch 2, sc in next ch sp, ch 4**, tr in each of next 2 sts, rep from * around, ending last rep at **, join in 3rd ch of beg ch-3.

Rnd 5: Ch 3, 2 tr in next st, *ch 2, 2 tr in next st, tr in next st, ch 4, sc in next ch sp, ch 2, [2 tr in next tr, ch 1] 4 times, 2 tr in next tr, ch 2, sk next ch sp, sc in next ch sp, ch 4**, tr in next st, 2 tr in next st, rep from * around, ending last rep at **, join in 3rd ch of beg ch-3.

Rnd 6: Ch 3, tr in each of next 2 sts, *ch 2, tr in each of next 3 sts, ch 4, sc in next ch sp, ch 2, [tr in each of next 2 sts, ch 2] 5 times, sc in next ch sp, ch 4**, tr in each of next 3 sts, rep from * around, ending last rep at **, join in 3rd ch of beg ch-3.

Rnd 7: Ch 3, tr in each of next 2 sts, *ch 2, tr in each of next 3 sts, ch 4, sc in next ch sp, ch 2, [tr in each of next 2 sts, ch 3] 4 times, tr in each of next 2 sts, ch 2, sc in next ch sp, ch 4**, tr in each of next 3 sts, rep from * around, ending last rep at **, join in 3rd ch of beg ch-3.

Rnd 8: Ch 3, tr in each of next 2 sts, *ch 2, tr in each of next 3 sts, ch 4, sc in next ch sp, ch 2, [tr in each of next 2 sts, ch 4] 4 times, tr in each of next 2 sts, ch 2, sc in next ch sp, ch 4**, tr in each of next 3 sts, rep from * around, ending last rep at **, join in 3rd ch of beg ch-3.

Rnd 9: Ch 3, tr in each of next 2 sts, *ch 2, (tr, ch 2, tr) in next ch sp, ch 2, tr in each of next 3 sts, ch 4, sc in next ch sp, ch 2, [tr in each of next 2 sts, ch 5] 4 times, tr in each of next 2 sts, ch 2, sc in next ch sp, ch 4**, tr in each of next 3 sts, rep from * around, ending last rep at **, join in 3rd ch of beg ch-3.

Rnd 10: Ch 3, tr in each of next 2 sts, *ch 2, sk next ch sp, (tr, ch 2, tr) in next ch sp, ch 2, sk next ch sp, tr in each of next 3 sts, ch 4, sc in next ch sp, ch 2, [tr in each of next 2 sts, ch 6] 4 times, tr in each of next 2 sts, ch 2, sc in next ch sp, ch 4**, tr in each of next 3 sts, rep from * around, ending last rep at **, join in 3rd ch of beg ch-3.

Rnd 11: Sl st in next st, ch 4 (*counts as first tr and ch-1*), tr in same st, *ch 3, sk next st and next ch sp, (sc, ch 4, sc) in next ch sp, ch 3, sk next ch sp and next st, (tr, ch 1, tr) in next st, ch 4, sc in next ch sp, ch 3, [tr in each of next 2 sts, ch 7] 4 times, tr in each of next 2 sts, ch 3, sc in next ch sp, ch 4**, sk next st, (tr, ch 1, tr) in next st, rep from * around, ending last rep at **, join in 3rd ch of beg ch-4.

Rnd 12: Sl st in first ch sp, ch 1, sc in same ch sp, *ch 3, sk next ch sp, (tr, {ch 2, tr} 6 times) in next ch sp, ch 3, sk next ch sp, sc in next ch sp, ch 4, sc in next ch sp, ch 3, [tr in each of next 2 sts, ch 8] 4 times, tr in each of next 2 sts, ch 3, sc in next ch sp, ch 4**, sc in next ch sp, rep from * around, ending last rep at **, join in beg sc.

Rnd 13: Ch 1, sc in first ch sp, ch 4, *[tr in next ch sp, ch 1] 5 times, tr in next ch sp, [ch 4, sc in next ch sp] twice, ch 4, sk next ch sp, [tr in each of next 2 sts, ch 4, sc in next ch sp, ch 4] 4 times, tr in each of next 2 sts, ch 4, sk next ch sp, sc in next ch sp, ch 4, sc in next ch sp, ch 4**, rep from * around, ending last rep at **, join in beg sc.

Rnd 14: Ch 1, (sc, **picot**—*see Special Stitch*, sc, ch 2) in each ch-1 sp and (sc, picot, sc, ch 2) twice in each ch-4 sp around, join in beg sc. Fasten off. ∎

Sunset

SKILL LEVEL

INTERMEDIATE

FINISHED SIZE
10 inches in diameter

MATERIALS
- Aunt Lydia's Classic Crochet size 10 crochet cotton (300 yds per ball): 1 ball #180 dark shaded yellows
- Size 7/1.65mm steel crochet hook or size needed to obtain gauge

GAUGE
Rnds 1 and 2 = 1½ inches in diameter

PATTERN NOTES
Chain-3 at beginning of row or round counts as beginning treble crochet unless otherwise stated.

Chain-4 at beginning of row or round counts as first treble crochet and chain-1 unless otherwise stated.

Join with slip stitch as indicated unless otherwise stated.

SPECIAL STITCHES
Cluster (cl): Holding last lp of each st on hook, 3 tr in place indicated, yo, pull through all lps on hook.

Picot: Ch 3, sc in 3rd ch from hook.

INSTRUCTIONS
DOILY
Rnd 1: Ch 4, sl st in first ch to form ring, **ch 3** *(see Pattern Notes)*, tr in ring, ch 2, [2 tr in ring, ch 2] 7 times, **join** *(see Pattern Notes)* in 3rd ch of beg ch-3.

Rnd 2: Ch 3, tr in next st, ch 4, [tr in each of next 2 sts, ch 4] around, join in 3rd ch of beg ch-3.

Rnd 3: Ch 3, tr in next st, *ch 3, sc in next ch sp, ch 3**, tr in each of next 2 sts, rep from * around, ending last rep at **, join in 3rd ch of beg ch-3.

Rnd 4: Ch 3, tr in next st, *ch 4, sc in next ch sp, ch 3, sc in next ch sp, ch 4**, tr in each of next 2 sts, rep from * around, ending last rep at **, join in 3rd ch of beg ch-3.

Rnd 5: Ch 3, tr in next st, *ch 4, sc in next ch sp, ch 2, (tr, ch 1, tr) in next ch sp, ch 2, sc in next ch sp, ch 4**, tr in each of next 2 sts, rep from * around, ending last rep at **, join in 3rd ch of beg ch-3.

Rnd 6: Ch 3, tr in next st, *ch 4, sc in next ch sp, ch 3, sk next ch sp, (tr, ch 1, tr) in next ch sp, ch 3, sk next ch sp, sc in next ch sp, ch 4**, tr in each of next 2 sts, rep from * around, ending last rep at **, join in 3rd ch of beg ch-3.

Rnd 7: Ch 3, tr in next st, *ch 4, sc in next ch sp, ch 3, sk next ch sp, (tr, {ch 1, tr} twice) in next ch sp, ch 3, sk next ch sp, sc in next ch sp, ch 4**, tr in each of next 2 sts, rep from * around, ending last rep at **, join in 3rd ch of beg ch-3.

Rnd 8: Ch 3, tr in next st, *ch 4, sc in next ch sp, ch 3, sk next ch sp, (tr, ch 1, tr) in next ch sp, ch 1, (tr, ch 1, tr) in next ch sp, ch 3, sk next ch sp, sc in next ch sp, ch 4**, tr in each of next 2 sts, rep from * around, ending last rep at **, join in 3rd ch of beg ch-3.

Rnd 9: **Ch 4** (see Pattern Notes), tr in same st, *ch 1, (tr, ch 1, tr) in next st, ch 4, sc in next ch sp, ch 3, sk next ch sp, [(tr, ch 1, tr) in next st, ch 1] twice, (tr, ch 1, tr) in next ch sp, ch 3, sk next ch sp, sc in next ch sp, ch 4**, (tr, ch 1, tr) in next st, rep from * around, ending last rep at **, join in 3rd ch of beg ch-4.

Rnd 10: Sl st in first ch sp, ch 4, tr in same ch sp, *[ch 2, (tr, ch 1, tr) in next ch sp] twice, ch 4, sc in next ch sp, ch 3, sk next ch sp, **cl** (see Special Stitches) in next ch sp, [ch 2, cl in next ch sp] twice, ch 3, sk next ch sp, sc in next ch sp, ch 4**, (tr, ch 1, tr) in next ch sp, rep from * around, ending last rep at **, join in 3rd ch of beg ch-4.

Rnd 11: Sl st in first ch sp, ch 4, tr in same ch sp, *[ch 2, sk next ch sp (tr, ch 1, tr) in next ch sp] twice, ch 4, sc in next ch sp, ch 3, sk next ch sp, cl in next ch sp, ch 1, cl in next ch sp, ch 3, sk next ch sp, sc in next ch sp, ch 4**, (tr, ch 1, tr) in next ch sp, rep from * around, ending last rep at **, join in 3rd ch of beg ch-4.

Rnd 12: Sl st in first ch sp, ch 4, (tr, ch 1, tr) in same ch sp, *[ch 2, sk next ch sp, (tr, {ch 1, tr} twice) in next ch sp] twice, ch 4, sc in next ch sp, ch 4, sk next ch sp, cl in next ch sp, ch 4, sk next ch sp, sc in next ch sp, ch 4**, (tr, {ch 1, tr} twice) in next ch sp, rep from * around, ending last rep at **, join in 3rd ch of beg ch-4.

Rnd 13: Sl st in first ch sp, ch 4, tr in same ch sp, *ch 1, (tr, ch 1, tr) in next ch sp, [ch 2, sk next ch sp, (tr, ch 1, tr) in next ch sp, ch 1, (tr, ch 1, tr) in next ch sp] twice, ch 4, sc in next ch sp, ch 3, sk next ch sp, (tr, ch 1, tr) in next cl, ch 3, sk next ch sp, sc in next ch sp, ch 4**, (tr, ch 1, tr) in next ch sp, rep from * around, ending last rep at **, join in 3rd ch of beg ch-4.

Rnd 14: Sl st in first ch sp, ch 4, (tr, ch 1, tr) in same ch sp, *ch 1, sk next ch sp, (tr, {ch 1, tr} twice) in next ch sp, [ch 2, sk next ch sp, (tr, {ch 1, tr} twice) in next ch sp, ch 1, sk next ch sp, (tr, {ch 1, tr} twice) in next ch sp] twice, ch 4, sc in next ch sp, ch 3, sk next ch sp, sc in next ch sp, ch 3, sk next ch sp, sc in next ch sp, ch 4**, (tr, {ch 1, tr} twice) in next ch sp, rep from * around, ending last rep at **, join in 3rd ch of beg ch-4.

Rnd 15: Sl st in first ch sp, ch 6 (counts as first tr and picot), sc in 3rd ch from hook, tr in same ch sp, ch 1, *(tr, **picot**—see Special Stitches, tr) in next ch sp, [ch 2, sk next ch sp, (tr, picot, tr) in next ch sp, ch 1, (tr, picot, tr) in next ch sp] 5 times, ch 4, sc in next ch sp, ch 2, sk next 2 ch sps and next st, sc in next ch sp, ch 4**, (tr, picot, tr) in next ch sp, rep from * around, ending last rep at **, join in 3rd ch of beg ch-6. Fasten off. ■

Frosty Green
Pineapple

SKILL LEVEL

INTERMEDIATE

FINISHED SIZE
11 inches in diameter

MATERIALS
- Aunt Lydia's Classic Crochet size 10 crochet cotton (350 yds per ball): 1 ball #661 frosty green
- Size 7/1.65mm steel crochet hook or size needed to obtain gauge

GAUGE
Rnds 1 and 2 = 1½ inches in diameter

PATTERN NOTES
Chain-3 at beginning of row or round counts as first double crochet unless otherwise stated.

Join with slip stitch as indicated unless otherwise stated.

SPECIAL STITCHES
Beginning shell: Ch 3, (2 dc, ch 2, 3 dc) in same place.

Shell: (3 dc, ch 2, 3 dc) in place indicated.

Beginning V-stitch (beg V-st): Ch 4, dc in same ch sp.

V-stitch (V-st): (Dc, ch 1, dc) in place indicated.

INSTRUCTIONS
DOILY
Rnd 1: Ch 5, sl st in first st to form ring, **ch 3** *(see Pattern Notes)*, 19 dc in ring, **join** *(see Pattern Notes)* in 3rd ch of beg ch-3.

Rnd 2: Ch 3, dc in next st, ch 4, sk next st, [dc in each of next 2 sts, ch 4, sk next st] around, join in 3rd ch of beg ch-3.

Rnd 3: Sl st in next st and in next ch sp, ch 3, (dc, ch 2, 2 dc) in same ch sp, *ch 3, sk next st, sc in next st, ch 3**, (2 dc, ch 2, 2 dc) in next ch sp, rep from * around, ending last rep at **, join in 3rd ch of beg ch-3.

Rnd 4: Sl st in next st and in next ch sp, **beg shell** *(see Special Stitches)* in same ch sp, *ch 3, sc in next ch sp, ch 2, sc in next ch sp, ch 3**, **shell** *(see Special Stitches)* in next ch sp, rep from * around, ending last rep at **, join in 3rd ch of beg ch-3.

Rnd 5: Sl st in each of next 2 sts, sl st in next ch sp, beg shell in same ch sp, *ch 3, sc in next ch sp, ch 2, (dc, ch 1, dc) in next ch sp, ch 2, sc in next ch sp, ch 3**, shell in ch sp of next shell, rep from * around, ending last rep at **, join in 3rd ch of beg ch-3.

Rnd 6: Sl st in each of next 2 sts, sl st in next ch sp, beg shell in same ch sp, *ch 3, sc in next ch sp, ch 2, sk next ch sp, (dc, {ch 1, dc} twice) in next ch sp, ch 2, sk next ch sp, sc in next ch sp, ch 3**, shell in ch sp of next shell, rep from * around, ending last rep at **, join in 3rd ch of beg ch-3.

Rnd 7: Sl st in each of next 2 sts, sl st in next ch sp, ch 1, (sc, ch 5, sc) in same ch sp, *ch 3, sc in next ch sp, ch 4, sk next ch sp, sc in next ch sp, ch 2, sc in next ch sp, ch 4, sk next ch sp, sc in next ch sp, ch 3**, (sc, ch 5, sc) in next ch sp, rep from * around, ending last rep at **, join in 3rd ch of beg ch-3.

Rnd 8: Sl st in first ch sp, ch 5 *(counts as first dc and ch-2)*, (dc, {ch 2, dc} twice) in same ch sp, * ch 3, sc in next ch sp, ch 4, sk next ch sp, (dc, ch 2, dc) in next ch sp, ch 4, sk next ch sp, sc in next ch sp, ch 3**, (dc, {ch 2, dc} 3 times) in next ch sp, rep from * around, ending last rep at **, join in 3rd ch of beg ch-5.

Rnd 9: Sl st in next ch sp, **beg V-st** *(see Special Stitches)* in same ch sp, *[ch 1, **V-st** *(see Special Stitches)* in next ch sp] twice, ch 3, sc in next ch sp, ch 4, sk next ch sp, (2 dc, ch 2, 2 dc) in next ch sp, ch 4, sk next ch sp, sc in next ch sp, ch 3**, V-st in next ch sp, rep from * around, ending last rep at **, join in 3rd ch of beg ch-4.

Rnd 10: Sl st in first ch sp, beg V-st in same ch sp, *(ch 1, V-st) in each of next 4 ch sps, ch 4, sc in next ch sp, ch 4, sk next ch sp, (2 dc, ch 2, 2 dc) in next ch sp, ch 4, sk next ch sp, sc in next ch sp, ch 4**, V-st in next ch sp, rep from * around, ending last rep at **, join in 3rd ch of beg ch-4.

Rnd 11: Sl st in first ch sp, beg V-st in same ch sp, *[ch 2, sk next ch sp, V-st in next ch sp] 4 times, ch 3, sc in next ch sp, ch 4, sk next ch sp, (dc, {ch 1, dc} twice) in next ch sp, ch 4, sk next ch sp, sc in next ch sp, ch 3**, V-st in next ch sp, rep from * around, ending last rep at **, join in 3rd ch of beg ch-4.

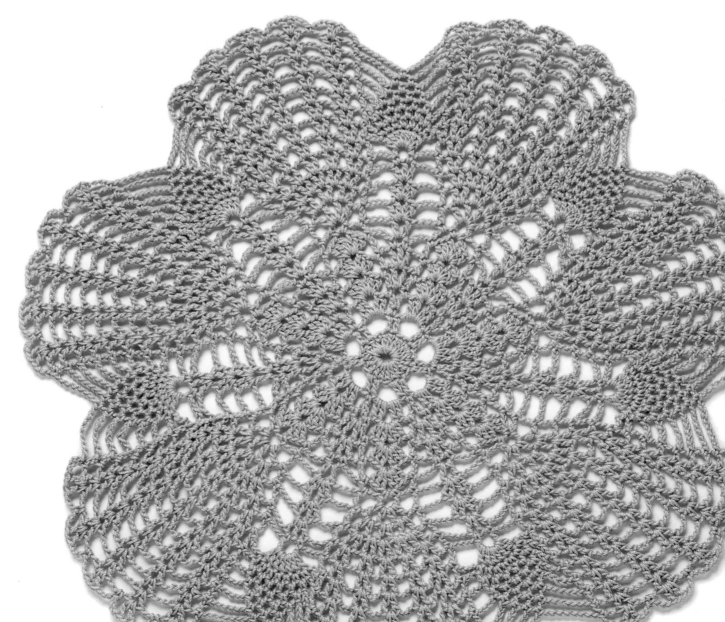

Rnd 12: Sl st in first ch sp, beg V-st in same ch sp, *[ch 3, sk next ch sp, V-st in next ch sp] 4 times, ch 3, sc in next ch sp, ch 5, sk next ch sp, sc in next ch sp, ch 5, sc in next ch sp, ch 5, sk next ch sp, sc in next ch sp, ch 3**, V-st in next ch sp, rep from * around, ending last rep at **, join in 3rd ch of beg ch-4.

Rnd 13: Sl st in first ch sp, beg V-st in same ch sp, *[ch 3, sk next ch sp, V-st in next ch sp] 4 times, ch 3, sc in next ch sp, ch 4, sk next ch sp, 7 dc in next ch sp, ch 4, sk next ch sp, sc in next ch sp, ch 3**, V-st in next ch sp, rep from * around, ending last rep at **, join in 3rd ch of beg ch-4.

Rnd 14: Sl st in first ch sp, beg V-st in same ch sp, *[ch 3, sk next ch sp, V-st in next ch sp] 4 times, ch 3, sc in next ch sp, ch 2, sk next ch sp, sc in next st, [ch 2, sc in next st] 6 times, ch 2, sk next ch sp, sc in next ch sp, ch 4**, V-st in next ch sp, rep from * around, ending last rep at **, join in 3rd ch of beg ch-4.

Rnd 15: Sl st in first ch sp, beg V-st in same ch sp, *[ch 3, sk next ch sp, V-st in next ch sp] 4 times, ch 3, sc in next ch sp, ch 3, sk next ch sp, sc in next ch sp, [ch 2, sc in next ch sp] 5 times, ch 3, sk next ch sp, sc in next ch sp, ch 4**, V-st in next ch sp, rep from * around, ending last rep at **, join in 3rd ch of beg ch-4.

Rnd 16: Sl st in first ch sp, beg V-st in same ch sp, *[ch 3, sk next ch sp, V-st in next ch sp] 4 times, ch 4, sc in next ch sp, ch 4, sk next ch sp, sc in next ch sp, [ch 2, sc in next ch sp] 4 times, ch 4, sk next ch sp, sc in next ch sp, ch 4**, V-st in next ch sp, rep from * around, ending last rep at **, join in 3rd ch of beg ch-4.

Rnd 17: Sl st in first ch sp, beg V-st in same ch sp, *[ch 3, sk next ch sp, V-st in next ch sp] 4 times, ch 3, sc in next ch sp, ch 5, sk next ch sp, sc in next ch sp, [ch 2, sc in next ch sp] 3 times, ch 5, sk next ch sp, sc in next ch sp, ch 4**, V-st in next ch sp, rep from * around, ending last rep at **, join in 3rd ch of beg ch-4.

Rnd 18: Sl st in first ch sp, beg V-st in same ch sp, *[ch 3, sk next ch sp, V-st in next ch sp] 4 times, ch 3, sc in next ch sp, ch 6, sk next ch sp, sc in next ch sp, [ch 2, sc in next ch sp] twice, ch 6, sk next ch sp, sc in next ch sp, ch 4**, V-st in next ch sp, rep from * around, ending last rep at **, join in 3rd ch of beg ch-4.

Rnd 19: Sl st in first ch sp, beg V-st in same ch sp, *[ch 3, sk next ch sp, V-st in next ch sp] 4 times, ch 3, sc in next ch sp, ch 7, sk next ch sp, sc in next ch sp, ch 2, sc in next ch sp, ch 7, sk next ch sp, sc in next ch sp, ch 4**, V-st in next ch sp, rep from * around, ending last rep at **, join in 3rd ch of beg ch-4.

Rnd 20: Sl st in first ch sp, beg V-st in same ch sp, *[ch 3, sc in next ch sp, ch 3, V-st in next ch sp] 4 times, ch 4, sc in next ch sp, ch 8, sk next ch sp, sc in next ch sp, ch 8, sk next ch sp, sc in next ch sp, ch 4**, V-st in next ch sp, rep from * around, ending last rep at **, join in 3rd ch of beg ch-4. Fasten off. ■

Burst of Spring

SKILL LEVEL

INTERMEDIATE

FINISHED SIZE
10½ inches in diameter

MATERIALS
- Aunt Lydia's Classic Crochet size 10 crochet cotton (350 yds per ball): 1 ball #428 mint green
- Size 7/1.65mm steel crochet hook or size needed to obtain gauge
- Stitch markers

GAUGE
Rnds 1 and 2 = 1¼ inches in diameter

PATTERN NOTES
Chain-3 at beginning of row or round counts as first treble crochet unless otherwise stated.

Join with slip stitch as indicated unless otherwise stated.

SPECIAL STITCHES
Beginning cluster (beg cl): Ch 3, holding back last lp of each st on hook, 2 tr in same place, yo, pull through all lps on hook.

Cluster (cl): Holding back last lp on hook, 3 tr in place indicated, yo, pull through all lps on hook.

Shell: (Cl, ch 2, cl) in place indicated.

INSTRUCTIONS
DOILY
Rnd 1: Ch 6, sl st in first ch to form ring, **ch 3** (see Pattern Notes), 15 tr in ring, **join** (see Pattern Notes) in 3rd ch of beg ch-3. (16 tr)

Rnd 2: **Beg cl** (see Special Stitches) in first st, ch 6, sk next st, [**cl** (see Special Stitches) in next st, ch 6, sk next st] around, join in top of beg cl.

Rnd 3: Sl st in next ch sp, (beg cl, ch 2, cl) in same ch sp, *ch 5, sc in next ch sp, ch 5**, **shell** (see Special Stitches) in next ch sp, rep from * around, ending last rep at **, join in top of beg cl.

Rnd 4: Sl st in next ch sp, (beg cl, ch 2, cl) in same ch sp, *ch 6, sc in next ch sp, ch 4, sc in next ch sp, ch 6**, shell in ch sp of next shell, rep from * around, ending last rep at **, join in top of beg cl.

Rnd 5: Sl st in next ch sp, (beg cl, {ch 2, cl} twice) in same ch sp, *ch 5, sc in next ch sp, ch 4, cl in next ch sp, ch 4, sc in next ch sp, ch 5**, (shell, ch 2, cl) in ch sp of next shell, rep from * around, ending last rep at **, join in beg cl.

Rnd 6: Sl st in next ch sp, (beg cl, ch 2, cl) in same ch sp, *ch 2, shell in next ch sp, ch 6, sc in next ch sp, ch 4, cl in next ch sp, ch 2, cl in next ch sp, ch 4, sc in next ch sp, ch 6**, shell in ch sp of next shell, rep from * around, ending last rep at **, join in top of beg cl.

Rnd 7: Sl st in next ch sp, (beg cl, ch 2, cl) in same ch sp, *ch 5, sc in next ch sp, ch 5, shell in ch sp of next shell, ch 6, sc in next ch sp, ch 6, sk next ch sp, cl in next ch sp, ch 6, sk next ch sp, sc in next ch sp, ch 6**, shell in ch sp of next shell, rep from * around, ending last rep at **, join in top of beg cl.

Rnd 8: Sl st in next ch sp, (beg cl, ch 2, cl) in same ch sp, *ch 5, sc in next ch sp, ch 4, sc in next ch sp, ch 5, shell in ch sp of next shell, ch 6, sc in next ch sp, ch 6, sk next ch sp, (tr, ch 3, tr) in next cl, ch 6, sk next ch sp, sc in next ch sp, ch 6**, shell in ch sp of next shell, rep from * around, ending last rep at **, join in top of beg cl.

Rnd 9: Sl st in next ch sp, (beg cl, ch 2, cl) in same ch sp, *ch 6, sk next ch sp, sc in next ch sp, ch 6, shell in ch sp of next shell, ch 6, sc in next ch sp, ch 6, sk next ch sp, (2 tr, ch 2, 2 tr) in next ch sp, ch 6, sk next ch sp, sc in next ch sp, ch 6**, shell in ch sp of next shell, rep from * around, ending last rep at **, join in beg cl.

Rnd 10: Sl st in next ch sp, (beg cl, {ch 2, cl} twice) in same ch sp, *ch 5, sc in next ch sp, ch 4, sc in next ch sp, ch 5, (shell, ch 2, cl) in next ch sp of next shell, ch 5, sc in next ch sp, ch 6, sk next ch sp, (3 tr, ch 2, 3 tr) in next ch sp, ch 6, sk next ch sp, sc in next ch sp, ch 5**, (shell, ch 2, cl) in next ch sp, rep from * around, ending lat rep at **, join in top of beg cl.

Rnd 11: Sl st in next ch sp, (beg cl, ch 2, cl) in same ch sp, *ch 2, shell in next ch sp, ch 6, sk next ch sp, sc in next ch sp, ch 6, sk next ch sp, shell in ch sp of next shell, ch 2, shell in next ch sp, ch 5, sc in next ch sp, ch 6, sk next ch sp, (tr, {ch 2, tr} 4 times) in next ch sp, ch 6, sk next ch

sp, sc in next ch sp, ch 5**, shell in ch sp of next shell, rep from * around, ending last rep at **, join in top of beg cl.

Rnd 12: Sl st in next ch sp, (beg cl, ch 2, cl) in same ch sp, *ch 2, shell in next ch sp, ch 2, shell in ch sp of next shell, ch 6, sc in next ch sp, ch 4, sc in next ch sp, ch 6, shell in ch sp of next shell, ch 2, shell in next ch sp, ch 2, shell in ch sp of next shell, ch 6, sc in next ch sp, ch 6, sk next ch sp, (tr, ch 2, tr, ch 1) in each of next 3 ch sps, (tr, ch 2, tr) in next ch sp, ch 6, sk next ch sp, sc in next ch sp, ch 6**, shell in ch sp of next shell, rep from * around, ending last rep at **, join in beg cl.

Rnd 13: Sl st in next ch sp, (beg cl, ch 2, cl) in same ch sp, *[ch 5, sc in next ch sp, ch 5, shell in ch sp of next shell] twice, ch 6, sk next ch sp, sc in next ch sp, ch 6, shell in ch sp of next shell, [ch 5, sc in next ch sp, ch 5, shell in ch sp of next shell] twice, ch 5, sc in next ch sp, ch 6, sk next ch sp, (tr, ch 2, tr) in next ch sp, [ch 2, sk next ch sp, (tr, ch 2, tr) in next ch sp] 3 times, ch 6, sk next ch sp, sc in next ch sp, ch 5**, shell in ch sp of next shell, rep from * around, ending last rep at **, join in top of beg cl.

Rnd 14: Sl st in next ch sp, (beg cl, ch 2, cl) in same ch sp, *[ch 4, sc in next ch sp, ch 2, sc in next ch sp, ch 4, shell in ch sp of next shell] twice, ch 6, sc in next ch sp, ch 4, sc in next ch sp, ch 6, shell in ch sp of next shell, [ch 4, sc in next ch sp, ch 2, sc in next ch sp, ch 4, shell in ch sp of next shell] twice, ch 5, sc in next ch sp, ch 6, sk next ch sp, place marker in next st, (sc, ch 3, sc) in each of next 7 ch sps, place marker in last st, ch 6, sk next ch sp, sc in next ch sp, ch 5**, shell in ch sp of next shell, rep from * around, ending last rep at **, join in top of beg cl.

Rnd 15: Sl st in next ch sp, ch 1, (sc, ch 3, sc) in same ch sp, ch 3, (sc, ch 3, sc) in next ch sp, ch 3, sc in next ch sp, ch 3, work the following steps to complete this rnd:

A. [(Sc, ch 3, sc) in next ch sp, ch 3] 3 times;

B. Sc in next ch sp, ch 3;

C. [Rep steps A and B alternately] 3 times;

D. Rep step A;

E. (Sc, ch 3, sc) in next ch sp, ch 3, [sk next ch sp, (sc, ch 3, sc) in next ch sp, ch 3] 3 times, (sc, ch 3, sc) in next ch sp, ch 3;

F. [Rep step A and B alternately] 5 times;

G. Rep step E.

H. Rep steps F and G alternately around, join in beg sc. Fasten off. ■

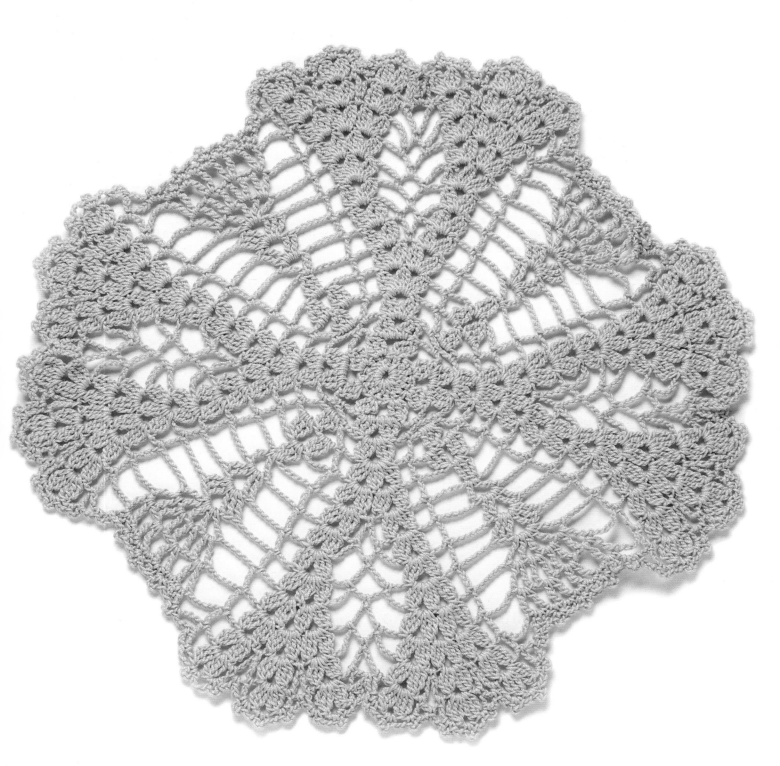

Lilac
Bunches

SKILL LEVEL

INTERMEDIATE

FINISHED SIZE
10 inches in diameter

MATERIALS
- Aunt Lydia's Classic Crochet size 10 crochet cotton (350 yds per ball): 1 ball #495 wood violet
- Size 7/1.65mm steel crochet hook or size needed to obtain gauge
- Stitch markers

GAUGE
Rnds 1 and 2 = 1½ inches in diameter

PATTERN NOTES
Chain-3 at beginning of row or round counts as first treble crochet unless otherwise stated.

Join with slip stitch as indicated unless otherwise stated.

SPECIAL STITCHES
Cluster (cl): Holding back last lp of each st on hook, 3 tr in place indicated, yo, pull through all lps on hook.

Picot: Ch 3, sl st in top of last st.

INSTRUCTIONS
DOILY
Rnd 1: Ch 6, sl st in first ch to form ring, **ch 3** *(see Pattern Notes)*, 4 tr in ring, ch 2, [5 tr in ring, ch 2] 3 times, **join** *(see Pattern Notes)* in 3rd ch of beg ch-3.

Rnd 2: Ch 3, tr in next st, *ch 1, sk next st, tr in each of next 2 sts, ch 4, sc in next ch sp, ch 4**, tr in each of next 2 sts, rep from * around, ending last rep at **, join in 3rd ch of beg ch-3.

Rnd 3: Ch 3, tr in next st, *ch 1, sk next ch sp, tr in each of next 2 sts, ch 4, [sc in next ch sp, ch 4] twice**, tr in each of next 2 sts, rep from * around, ending last rep at **, join in 3rd ch of beg ch-3.

Rnd 4: Ch 3, tr in next st, *ch 1, sk next ch sp, tr in each of next 2 sts, ch 4, [sc in next ch sp, ch 4]

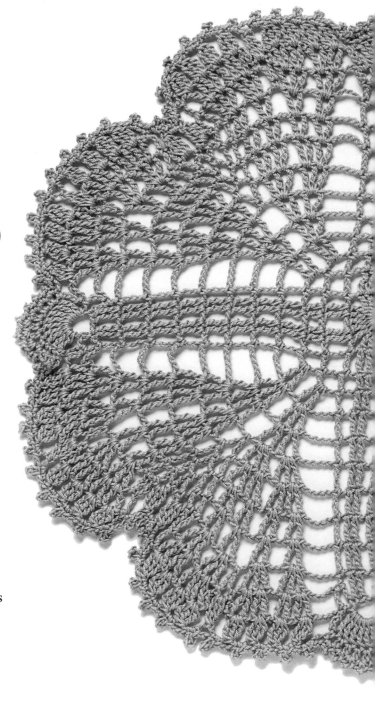

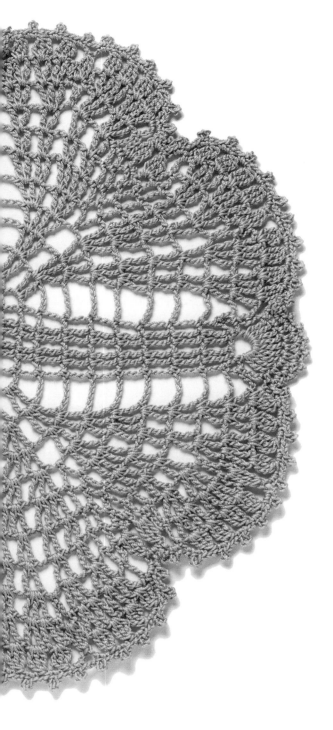

3 times**, tr in each of next 2 sts, rep from * around, ending last rep at **, join in 3rd ch of beg ch-3.

Rnd 5: Ch 3, tr in next st, *ch 1, sk next ch sp, tr in each of next 2 sts, ch 4, sc in next ch sp, ch 4, (tr, ch 1, tr) in next ch sp, ch 1, (tr, ch 1, tr) in next ch sp, ch 4, sc in next ch sp, ch 4**, tr in each of next 2 sts, rep from * around, ending last rep at **, join in 3rd ch of beg ch-3.

Rnd 6: Ch 3, tr in next st, *ch 1, sk next ch sp, tr in each of next 2 sts, ch 4, sc in next ch sp, ch 4,

sk next ch sp, (tr, {ch 1, tr} twice) in next ch sp, ch 1, sk next ch sp, (tr, {ch 1, tr} twice) in next ch sp, ch 4, sk next ch sp, sc in next ch sp, ch 4 **, tr in each of next 2 sts, rep from * around, ending last rep at **, join in 3rd ch of beg ch-3.

Rnd 7: Ch 3, tr in next st, *ch 1, sk next ch sp, tr in each of next 2 sts, ch 4, sc in next ch sp, ch 5, sk next ch sp, (tr, ch 1, tr) in next ch sp, ch 1, (tr, ch 1, tr) in next ch sp, ch 3, sk next ch sp, (tr, ch 1, tr) in next ch sp, ch 1, (tr, ch 1, tr) in next ch sp, ch 5, sk next ch sp, sc in next ch sp, ch 4**, tr in each of next 2 sts, rep from * around, ending last rep at **, join in 3rd ch of beg ch-3.

Rnd 8: Ch 3, tr in next st, *ch 1, sk next ch sp, tr in each of next 2 sts, ch 4, sc in next ch sp, ch 5, sk next ch sp, (tr, {ch 1, tr} twice) in next ch sp, ch 1, sk next ch sp, (tr, {ch 1, tr} twice) in next ch sp, ch 4, sc in next ch sp, ch 4, (tr, {ch 1, tr} twice) in next ch sp, ch 1, sk next ch sp, (tr, {ch 1, tr} twice) in next ch sp, ch 5, sk next ch sp, sc in next ch sp, ch 4**, tr in each of next 2 sts, rep from * around, ending last rep at **, join in 3rd ch of beg ch-3.

Rnd 9: Ch 3, tr in next st, *ch 1, sk next ch sp, tr in each of next 2 sts, ch 4, sc in next ch sp, ch 5, sk next ch sp, (tr, ch 1, tr) in next ch sp, ch 1, (tr, ch 1, tr) in next ch sp, ch 3, sk next ch sp, (tr, ch 1, tr) in next ch sp, ch 1, (tr, ch 1, tr) in next ch sp, [ch 4, sc in next ch sp] twice, ch 4, (tr, ch 1, tr) in next ch sp, ch 1, (tr, ch 1, tr) in next ch sp, ch 3, sk next ch sp, (tr, ch 1, tr) in next ch sp, ch 1, (tr, ch 1, tr) in next ch sp, ch 5, sk next ch sp, sc in next ch sp, ch 4**, tr in each of next 2 sts, rep from * around, ending last rep at **, join in 3rd ch of beg ch-3.

Rnd 10: Ch 3, tr in next st, *ch 1, sk next ch sp, tr in each of next 2 sts, ch 4, sc in next ch sp, ch 5, sk next ch sp, (tr, ch 1, tr) in next ch sp, ch 1, sk next ch sp, (tr, ch 1, tr) in next ch sp, ch 3, sk next ch sp, (tr, ch 1, tr) in next ch sp, ch 1, sk next ch sp, (tr, ch 1, tr) in next ch sp, [ch 4, sc in next ch sp] 3 times, ch 4, (tr, ch 1, tr) in next ch sp, ch 1, sk next ch sp, (tr, ch 1, tr) in next ch sp, ch 3, sk next ch sp, (tr, ch 1, tr) in next ch sp, ch 1, sk next ch sp, (tr, ch 1, tr) in next ch sp, ch 5, sk next ch sp, sc in next ch sp, ch 4**, tr in each of next 2 sts, rep from * around, ending last rep at **, join in 3rd ch of beg ch-3.

Rnd 11: Ch 3, tr in next st, *ch 1, sk next ch sp, tr in each of next 2 sts, ch 4, sc in next ch sp, ch 5, sk next ch sp, (tr, ch 1, tr) in next ch sp, ch 2, sk next ch sp, (tr, ch 1, tr) in next ch sp, ch 3, sk next ch sp, (tr, ch 1, tr) in next ch sp, ch 2, sk next ch sp, (tr, ch 1, tr) in next ch sp, [ch 4, sc in next ch sp] 4 times, ch 4, (tr, ch 1, tr) in next ch sp, ch 2, sk next ch sp, (tr, ch 1, tr) in next ch sp, ch 3, sk next ch sp, (tr, ch 1, tr) in next ch sp, ch 2, sk next ch sp, (tr, ch 1, tr) in next ch sp, ch 5, sk next ch sp, sc in next ch sp, ch 4**, tr in each of next 2 sts, rep from * around, ending last rep at **, join in 3rd ch of beg ch-3.

Rnd 12: Ch 1, sc in first st, *ch 4, sk next st, next ch sp and next st, sc in next st, ch 4, sc in next ch sp, ch 5, sk next ch sp, (tr, {ch 1, tr} twice) in next ch sp, ch 1, sk next ch sp, (tr, {ch 1, tr} twice) in next ch sp, ch 5, sc in next ch sp, ch 5, (tr, {ch 1, tr} twice) in next ch sp, ch 1, sk next ch sp, (tr, {ch 1, tr} twice) in next ch sp, [ch 4, sc in next ch sp] 5 times, ch 4, (tr, {ch 1, tr} twice) in next ch sp, ch 1, sk next ch sp, (tr, {ch 1, tr} twice) in next ch sp, ch 5, sc in next ch sp, ch 5, (tr, {ch 1, tr} twice) in next ch sp, ch 1, sk next ch sp, (tr, {ch 1, tr} twice) in next ch sp, ch 5, sk next ch sp, sc in next ch sp, ch 4**, sc in next st, rep from * around, ending last rep at **, join in beg sc.

Rnd 13: Sl st in first ch sp, ch 3, 8 tr in same ch sp, *ch 4, sc in next ch sp, ch 4, sk next ch sp, **(tr, ch 1, tr) in next ch sp, ch 1, (tr, ch 1, tr) in next ch sp, ch 1, sk next ch sp, (tr, ch 1, tr) in next ch sp, ch 1, (tr, ch 1, tr) in next ch sp, ch 4, sc in next ch sp, ch 2, sc in next ch sp, ch 4, (tr, ch 1, tr) in next ch sp, ch 1, (tr, ch 1, tr) in next ch sp, ch 1, sk next ch sp, (tr, ch 1, tr) in next ch sp, ch 1, (tr, ch 1, tr) in next ch sp**, [ch 4, sc in next ch sp] twice, [ch 3, sc in next ch sp] 3 times, ch 4, sc in next ch sp, ch 4, rep between **, ch 4, sk next ch sp, sc in next ch sp, ch 4***, 9 tr in next ch sp, rep from * around, ending last rep at ***, join in 3rd ch of beg ch-3.

Rnd 14: Ch 1, sc in first st, [ch 2, sc in next st] 8 times, *ch 4, sk next 2 ch sps, **cl** (*see Special Stitches*) in next ch sp, [ch 3, sk next ch sp, cl in next ch sp] 3 times, ch 4, sk next ch sp, cl in next ch sp, ch 4, [cl in next ch sp, ch 3, sk next ch sp] 3 times, cl in next ch sp, ch 4, sc in next ch sp, ch 4, sk next ch sp, cl in next ch sp, ch 2, sk next ch sp, cl in next ch sp, ch 4, sc in next ch sp, ch 4, [cl in next ch sp, ch 3, sk next ch sp] 3 times, cl in next ch sp, ch 4, sk next ch sp, cl in next ch sp, ch 4, sk next ch sp, [cl in next ch sp, ch 3, sk next ch sp] 3 times, cl in next st, ch 4, sk next 2 ch sps**, sc in next st, [ch 2, sc in next st] 8 times, rep from * around, ending last rep at **, join in beg sc.

Rnd 15: Ch 1, (sc, **picot**—*see Special Stitches*, sc, ch 2) in each ch sp around, join in beg sc. Fasten off. ■

Pineapple
Crowns

SKILL LEVEL

INTERMEDIATE

FINISHED SIZE
9½ inches in diameter

MATERIALS
- Aunt Lydia's Classic Crochet size 10 crochet cotton (350 yds per ball):
  1 ball #423 maize
- Size 7/1.65mm steel crochet hook or size needed to obtain gauge

GAUGE
Rnd 1 = 1 inch in diameter

PATTERN NOTES
Chain-3 at beginning of row or round counts as first treble crochet unless otherwise stated.

Join with slip stitch as indicated unless otherwise stated.

SPECIAL STITCH
Picot: Ch 3, sl st in top of last st worked.

INSTRUCTIONS
DOILY
Rnd 1: Ch 5, sl st in first ch to form ring, **ch 3** (*see Pattern Notes*), 19 tr in ring, **join** (*see Pattern Notes*) in 3rd ch of beg ch-3.

Rnd 2: Ch 3, tr in next st, *ch 4, sk next st, sc in next st, ch 4, sk next st**, tr in each of next 2 sts, rep from * around, ending last rep at **, join in 3rd ch of beg ch-3.

Rnd 3: Ch 3, tr in next st, *[ch 4, sc in next ch sp] twice, ch 4**, tr in each of next 2 sts, rep from * around, ending last rep at **, join in 3rd ch of beg ch-3.

Rnd 4: Ch 3, tr in next st, *ch 4, sc in next ch sp, ch 4, 2 tr in next ch sp, ch 4, sc in next ch sp, ch 4**, tr in each of next 2 sts, rep from * around, ending last rep at **, join in 3rd ch of beg ch-3.

Rnd 5: Ch 3, tr in next st, *[ch 4, sc in next ch sp] twice, ch 4, tr in each of next 2 sts, [ch 4, sc in next ch sp] twice, ch 4**, tr in each of next 2 sts, rep from * around, ending last rep at **, join in 3rd ch of beg ch-3.

Rnd 6: Ch 3, tr in next st, *[ch 4, sc in next ch sp] 3 times, ch 4, tr in each of next 2 sts, [ch 4, sc in next ch sp] 3 times, ch 4**, tr in each of next 2 sts, rep from * around, ending last rep at **, join in 3rd ch of beg ch-3.

Rnd 7: Ch 3, tr in next st, *ch 4, sc in next ch sp, ch 4, 2 tr in next ch sp, [ch 4, sc in next ch sp] twice, ch 4, tr in each of next 2 sts, [ch 4, sc in next ch sp] twice, ch 4, 2 tr in next ch sp, ch 4, sc in next ch sp, ch 4**, tr in each of next 2 sts, rep from * around, ending last rep at **, join in 3rd ch of beg ch-3.

Rnd 8: Ch 3, tr in next st, * ch 4, sc in next ch sp, ch 4, sk next ch sp, tr in each of next 2 sts, ch 4, sk next ch sp, [sc in next ch sp, ch 4] twice, tr in each of next 2 sts, [ch 4, sc in next ch sp] twice, ch 4, sk next ch sp, tr in each of next 2 sts, ch 4, sk next ch sp, sc in next ch sp, ch 4**, tr in each of next 2 sts, rep from * around, ending last rep at **, join in 3rd ch of beg ch-3.

Rnd 9: Ch 3, tr in next st, *ch 4, sc in next ch sp, ch 4, sk next ch sp, tr in each of next 2 sts, ch 4, sk next ch sp, [sc in next ch sp, ch 4] twice, tr in each of next 2 sts, [ch 4, sc in next ch sp] twice, ch 4, sk next ch sp, tr in each of next 2 sts, ch 4, sk next ch sp, sc in next ch sp, ch 4**, tr in each of next 2 sts, rep from * around, ending last rep at **, join in 3rd ch of beg ch-3.

Rnd 10: Sl st in next st and in next ch sp, ch 1, (sc, ch 4, sc) in same ch sp, *ch 4, (tr, ch 1, tr) in next tr, ch 1, (tr, ch 1, tr) in next tr, [ch 4, sc in next ch sp] twice, ch 4, sk next 2 tr, sc in next ch sp, ch 4, sc in next ch sp, ch 4, (tr, ch 1, tr) in next tr, ch 1, (tr, ch 1, tr) in next tr, ch 4, (sc, ch 4, sc) in next ch sp**, ch 4, sk next 2 tr, (sc, ch 4, sc) in next ch sp, rep from * around, ending last rep at **, ch 1, join with dc in beg sc forming last ch sp.

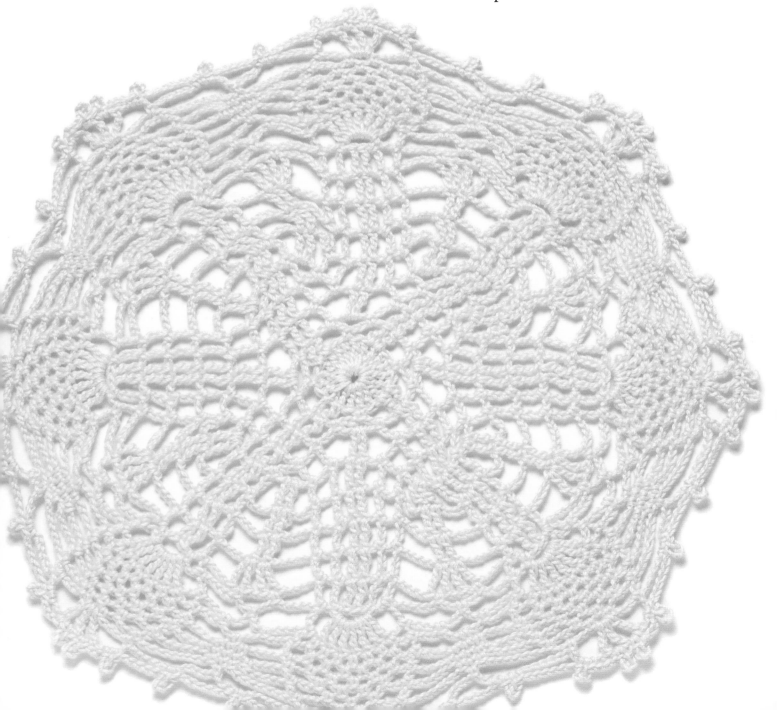

Rnd 11: Ch 3, 6 tr in last ch sp, *ch 4, sc in next ch sp, ch 4, sk next ch sp, sc in next ch-1 sp, ch 4, sk next ch sp, sc in next ch sp, ch 4, sc in next ch sp, ch 4**, 7 tr in next ch sp, rep from * around, ending last rep at **, join in 3rd ch of beg ch-3.

Rnd 12: Ch 1, sc in first st, *[ch 2, sc in next st] 6 times, ch 3, sc in next ch sp, ch 7, sk next ch sp, sc in next ch sp, ch 7, sk next ch sp, sc in next ch sp, ch 3**, sc in next st, rep from * around, ending last rep at **, join in beg sc.

Rnd 13: Ch 1, sc in first ch sp, *[ch 2, sc in next ch sp] 5 times, ch 3, [sc in next ch sp, ch 4] twice, sc in next ch sp, ch 3**, sc in next ch sp, rep from * around, ending last rep at **, join in beg sc.

Rnd 14: Ch 1, sc in first ch sp, *[ch 2, sc in next ch sp] 4 times, ch 3, sc in next ch sp, ch 4, sk next ch sp, sc in next ch sp, ch 4, sk next ch sp, sc in next ch sp, ch 3**, sc in next ch sp, rep from * around, ending last rep at **, join in beg sc.

Rnd 15: Ch 1, sc in first ch sp, *[ch 2, sc in next ch sp] 3 times, ch 3, sc in next ch sp, ch 4, sc in next ch sp, sc in next sc, sc in next ch sp, ch 4, sc in next ch sp, ch 3**, sc in next ch sp, rep from * around, ending last rep at **, join in beg sc.

Rnd 16: Ch 1, sc in first ch sp, *[ch 2, sc in next ch sp] twice, ch 4, sc in next ch sp, ch 5, sc in next ch sp, sc in each of next 3 sts, sc in next ch sp, ch 5, sc in next ch sp, ch 4**, sc in next ch sp, rep from * around, ending last rep at **, join in beg sc.

Rnd 17: Ch 1, sc in next ch sp, *ch 2, sc in next ch sp, ch 5, sc in next ch sp, ch 7, sk next ch sp and next sc, sc in each of next 3 sc, ch 7 sk next sc and next ch sp, sc in next ch sp, ch 5**, sc in next ch sp, rep from * around, ending last rep at **, join in beg sc.

Rnd 18: Sl st in next ch sp, ch 4 (*counts as first tr and ch-1*), (tr, ch 1, tr) in same ch sp, *ch 4, sc in next ch sp, ch 11, sk next ch sp and next sc, sc in next sc, ch 11, sk next sc and next ch sp, sc in next ch sp, ch 4**, (tr, {ch 1, tr} twice) in next ch sp, rep from * around, ending last rep at **, join in 3rd ch of beg ch-4.

Rnd 19: Ch 1, [(sc, **picot**—*see Special Stitch*) in each of next 2 ch sps, ch 3, sc in next ch sp, picot, ch 6, sc in next ch sp, picot, ch 5, sc in next ch sp, picot, ch 6, sc in next ch sp, picot, ch 3] around, join in beg sc. Fasten off. ∎

Stitch Guide

For more complete information, visit **FreePatterns.com**

ABBREVIATIONS

beg	begin/begins/beginning
bpdc	back post double crochet
bpsc	back post single crochet
bptr	back post treble crochet
CC	contrasting color
ch(s)	chain(s)
ch-	refers to chain or space previously made (e.g., ch-1 space)
ch sp(s)	chain space(s)
cl(s)	cluster(s)
cm	centimeter(s)
dc	double crochet (singular/plural)
dc dec	double crochet 2 or more stitches together, as indicated
dec	decrease/decreases/decreasing
dtr	double treble crochet
ext	extended
fpdc	front post double crochet
fpsc	front post single crochet
fptr	front post treble crochet
g	gram(s)
hdc	half double crochet
hdc dec	half double crochet 2 or more stitches together, as indicated
inc	increase/increases/increasing
lp(s)	loop(s)
MC	main color
mm	millimeter(s)
oz	ounce(s)
pc	popcorn(s)
rem	remain/remains/remaining
rep(s)	repeat(s)
rnd(s)	round(s)
RS	right side
sc	single crochet (singular/plural)
sc dec	single crochet 2 or more stitches together, as indicated
sk	skip/skipped/skipping
sl st(s)	slip stitch(es)
sp(s)	space/spaces/spaced
st(s)	stitch(es)
tog	together
tr	treble crochet
trtr	triple treble
WS	wrong side
yd(s)	yard(s)
yo	yarn over

Chain—ch: Yo, pull through lp on hook.

Slip stitch—sl st: Insert hook in st, pull through both lps on hook.

Single crochet—sc: Insert hook in st, yo, pull through st, yo, pull through both lps on hook.

Front post stitch—fp: Back post stitch—bp: When working post st, insert hook from right to left around post st on previous row.

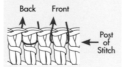

Front loop—front lp Back loop—back lp

Front Loop Back Loop

Half double crochet—hdc: Yo, insert hook in st, yo, pull through st, yo, pull through all 3 lps on hook.

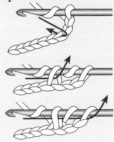

Double crochet—dc: Yo, insert hook in st, yo, pull through st, [yo, pull through 2 lps] twice.

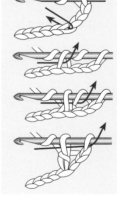

Change colors: Drop first color; with 2nd color, pull through last 2 lps of st.

Treble crochet—tr: Yo twice, insert hook in st, yo, pull through st, [yo, pull through 2 lps] 3 times.

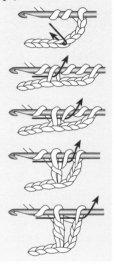

Double treble crochet—dtr: Yo 3 times, insert hook in st, yo, pull through st, [yo, pull through 2 lps] 4 times.

Single crochet decrease (sc dec): (Insert hook, yo, draw lp through) in each of the sts indicated, yo, draw through all lps on hook.

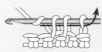

Example of 2-sc dec

Half double crochet decrease (hdc dec): (Yo, insert hook, yo, draw lp through) in each of the sts indicated, yo, draw through all lps on hook.

Example of 2-hdc dec

Double crochet decrease (dc dec): (Yo, insert hook, yo, draw loop through, draw through 2 lps on hook) in each of the sts indicated, yo, draw through all lps on hook.

Example of 2-dc dec

Example of 2-tr dec

Treble crochet decrease (tr dec): Holding back last lp of each st, tr in each of the sts indicated, yo, pull through all lps on hook.

US		UK
sl st (slip stitch)	=	sc (single crochet)
sc (single crochet)	=	dc (double crochet)
hdc (half double crochet)	=	htr (half treble crochet)
dc (double crochet)	=	tr (treble crochet)
tr (treble crochet)	=	dtr (double treble crochet)
dtr (double treble crochet)	=	ttr (triple treble crochet)
skip	=	miss

Metric
Conversion
Charts

METRIC CONVERSIONS

yards	x	.9144	=	metres (m)
yards	x	91.44	=	centimetres (cm)
inches	x	2.54	=	centimetres (cm)
inches	x	25.40	=	millimetres (mm)
inches	x	.0254	=	metres (m)

centimetres	x	.3937	=	inches
metres	x	1.0936	=	yards

INCHES INTO MILLIMETRES & CENTIMETRES (Rounded off slightly)

inches	mm	cm	inches	cm	inches	cm	inches	cm
1/8	3	0.3	5	12.5	21	53.5	38	96.5
1/4	6	0.6	5 1/2	14	22	56	39	99
3/8	10	1	6	15	23	58.5	40	101.5
1/2	13	1.3	7	18	24	61	41	104
5/8	15	1.5	8	20.5	25	63.5	42	106.5
3/4	20	2	9	23	26	66	43	109
7/8	22	2.2	10	25.5	27	68.5	44	112
1	25	2.5	11	28	28	71	45	114.5
1 1/4	32	3.2	12	30.5	29	73.5	46	117
1 1/2	38	3.8	13	33	30	76	47	119.5
1 3/4	45	4.5	14	35.5	31	79	48	122
2	50	5	15	38	32	81.5	49	124.5
2 1/2	65	6.5	16	40.5	33	84	50	127
3	75	7.5	17	43	34	86.5		
3 1/2	90	9	18	46	35	89		
4	100	10	19	48.5	36	91.5		
4 1/2	115	11.5	20	51	37	94		

KNITTING NEEDLES CONVERSION CHART

Canada/U.S.	0	1	2	3	4	5	6	7	8	9	10	10½	11	13	15
Metric (mm)	2	2¼	2¾	3¼	3½	3¾	4	4½	5	5½	6	6½	8	9	10

CROCHET HOOKS CONVERSION CHART

Canada/U.S.	1/B	2/C	3/D	4/E	5/F	6/G	8/H	9/I	10/J	10½/K	N
Metric (mm)	2.25	2.75	3.25	3.5	3.75	4.25	5	5.5	6	6.5	9.0

A Dozen 12-Hour Doilies is published by DRG, 306 East Parr Road, Berne, IN 46711. Printed in USA. Copyright © 2009 DRG. All rights reserved. This publication may not be reproduced in part or in whole without written permission from the publisher.

RETAIL STORES: If you would like to carry this pattern book or any other DRG publications, visit DRGwholesale.com.

Every effort has been made to ensure that the instructions in this publication are complete and accurate. We cannot, however, take responsibility for human error, typographical mistakes or variations in individual work. Please visit AnniesCustomerCare.com to check for pattern updates.

ISBN: 978-1-59635-290-2

56789